PASSAGE

A LYON

DE LEURS MAJESTÉS.

PASSAGE

A LYON

DE LEURS MAJESTÉS

NAPOLÉON I.ER

EMPEREUR des Français et ROI d'Italie,

ET

DE L'IMPÉRATRICE

JOSÉPHINE,

EN 1805.

AVIS.

EN 1805, le conseil municipal forma le vœu qu'on constatât par un monument historique le passage à Lyon de leurs Majestés Impériales et Royales. Ce vœu était resté sans exécution. Dans sa dernière session du mois de juillet 1806, le conseil l'a renouvelé, et, d'après son choix, M. *Delandine*, bibliothécaire de la ville, a été chargé du récit de cet évènement. Les souvenirs qu'il rappelle seront toujours chers aux habitans de cette cité qui liront dans cet écrit les témoignages d'affection, de bonté, et les actes de bienfaisance d'un Héros auquel les attache particulièrement une longue habitude de respect, d'admiration et d'amour.

législatif, les trois colléges électoraux, les évêques, les préfets, les présidens des tribunaux et des corps administratifs, les savans les plus renommés du royaume d'Italie, et les appela à la cérémonie du couronnement.

Son éminence le cardinal *Caprara*, archevêque de Milan, désigné pour sacrer Sa Majesté, quitta Paris, et passa dans les murs de Lyon à la fin de mars. Il fut bientôt suivi par son excellence M. *de Ségur*, conseiller d'état et grand maître des cérémonies, et par M. *de Remusat*, premier chambellan de l'Empereur.

Préparatifs pour la réception de Leurs Majestés.

PLUSIEURS jeunes Lyonnais, pleins de zèle et d'admiration pour l'Empereur, manifestèrent hautement le desir de lui former une garde d'honneur pendant son passage à Lyon. Le conseil municipal, dans sa séance du 15 germinal an 13, favorisant de tout son pouvoir l'exécution d'un projet qui remplissait son vœu particulier, vota une somme de vingt mille francs pour la formation de la musique de cette garde ; il invita l'un

de

de ses membres à en prendre le commandement et à employer son zèle à la prompte organisation de ce corps. Elle fut opérée dans les trois jours qui précédèrent l'arrivée de Leurs Majestés, et présenta une compagnie de 80 grenadiers, une autre de 80 chasseurs à pied, une autre de 50 chasseurs à cheval, une autre de 60 musiciens et tambours. Chacune de ces compagnies fut formée de jeunes volontaires, nés à Lyon, uniquement destinés à escorter Leurs Majestés, et à faire près d'elles le service journalier.

L'uniforme de la cavalerie fut fixé à un habit bleu, avec revers et paremens de couleur aurore, veste et pantalon jaunes, chapeau à gances et glands, avec le panache blanc et aurore. Celui de l'infanterie fut formé d'un habit, veste et pantalon blancs, avec paremens, revers et collets roses, l'aiguillette en or sur l'épaule gauche, et un trèfle en or sur l'autre. Le chapeau fut à gances et glands d'or, avec le panache blanc. Toutes les compagnies reconnurent 1.° M. *Dacier-la-Chassaigne*, ancien maréchal de camp des armées, membre du conseil municipal, pour général-commandant, et il fut reçu en cette qualité à la tête de la 19.me division militaire, par le général divisionnaire *Duhesme* ; 2.° M. *Hippolite Rousset*, trésorier de la ville, pour colonel; il avait été précédemment envoyé avec le même titre à la cérémonie du couronnement; 3.° MM. *Delorme-Delille* et *Michoud*, pour lieutenans-colonels, le premier commandant l'infanterie et le second la cavalerie.

Le conseil municipal voulant consacrer le souvenir de la venue de l'Empereur, détermina qu'à perpétuité on nommerait *Cours Napoléon*, la promenade ornée de plantations et bordée par un quai, qui s'étend depuis le pont de la Guillotière jusqu'à la barrière *Perrache.*

Bientôt, on chercha à faire disparaître dans l'hôtel-de-ville l'aspect hideux que le dernier incendie avait donné à sa façade. On poursuivit avec activité diverses réparations commencées dans le palais de l'archevêché que l'on meubla ; on vit se déblayer le quai qui y conduit, long-temps obstrué par les matériaux de sa nouvelle construction.

Les trois clés de la ville destinées à être présentées à Sa Majesté, furent ciselées en argent par M. *Saunier*, et devinrent les emblêmes des trois mairies. Chacune d'elles offrit le symbole qui les distinguait.

La clé de la mairie du nord était formée par un caducée, attribut du commerce, surmonté de l'aigle impérial qui en faisait le paneton. Celle de la mairie du midi présentait le Rhône et la Saône unissant leurs ondes; deux dauphins en formaient l'anneau, et un aviron le paneton.

La clé de la mairie de l'ouest avait pour tige deux crosses réunies au glaive de la justice; le livre de la loi en était le paneton, et un lion debout, l'anneau.

A un quart de lieue de Lyon, sur le chemin de St.-Clair, par où Leurs Majestés, venant de Bourg, devaient arriver, on éleva un arc de triomphe d'ordre dorique, avec des colonnes en bronze et en marbre.

Le bronze désignait l'inviolable fidélité des Lyonnais aux lois de l'empire. Le marbre était l'emblême de la magnificence et de la richesse de la cité.

Les chapiteaux des colonnes, formés d'abeilles, enrichis d'étoiles, présentaient des couronnes civiques et des croix d'honneur. Leurs triglyphes soutenaient la couronne impériale. Au-dessus, un aigle, semblable à celui qui se voit dans l'*Apothéose d'Auguste*, portait le buste de *Napoléon* dans les cieux.

Les deux portes latérales de l'arc soutenaient les statues du Rhône et de la Saône. Deux bas-reliefs, placés au-dessous, offraient d'un côté l'union de l'empire et de la liberté; de l'autre, la sagesse distribuant des récompenses aux soldats, aux savans, aux magistrats.

Plus loin, un autre bas-relief, célébrant la munificence de l'Empereur, qui accorde, tous les dix ans, un grand prix aux artistes célèbres, présentait la reconnaissance conduisant de jeunes élèves devant le génie protecteur des arts.

La porte principale servait de base à une statue représentant Lyon, sous la figure d'une femme, appuyée sur des ballots de marchandises, offrant d'une main ses clés, tenant de l'autre un gouvernail.

Sous la voûte de cette porte, un aigle dans le plafond, entouré d'abeilles, tenait quatre guirlandes, dans lesquelles on lisait ces mots : « Hanovre, France, Italie » et Savoie ; il a réuni vos couronnes, en portant au » milieu de vous la richesse et l'abondance. »

Aux deux faces de l'arc, sur deux tables de marbre, furent gravées ces inscriptions :

De l'antique Lyon la grandeur, l'opulence,
Renaissent à la voix de ce puissant Héros ;
Il vit son infortune, il répare ses maux ;
L'aspect d'un peuple heureux sera sa récompense.

Les champs de l'Italie attestent son courage ;
L'anarchie au tombeau, les temples restaurés,
Les vertus, les talens, les beaux arts honorés,
Dans le plus grand guerrier font admirer un sage. (*)

(*) Ces vers sont de M. *Justinien Rieussec*, avocat, fils du législateur de ce nom. — L'arc de triomphe fut élevé sur les dessins et la direction de M. *Chinard*, sculpteur Lyonnais, correspondant de l'institut. — Le dernier bas-relief fut l'ouvrage du jeune *Faye*, son élève.

Arrivée à Lyon de S. M. l'Empereur et de l'Impératrice.

PREMIÈRE JOURNÉE.

LE mercredi, 10 avril 1805, à trois heures de l'après-midi, *Napoléon I.er*, empereur des Français, roi d'Italie, et son auguste épouse l'impératrice *Joséphine*, sont arrivés à Lyon par la porte St.-Clair. Une multitude innombrable d'habitans bordait les coteaux voisins, remplissait le passage, et faisait retentir les airs d'acclamations. Les balcons, et toutes les fenêtres des places et quais, ornés des femmes les plus brillantes, offraient un coup-d'œil ravissant. La beauté du ciel, l'éclat du jour ajoutaient à l'ivresse du moment. Les autorités de la ville, le préfet, les maires, le conseil municipal, la garde d'honneur, entourèrent les Souverains sous l'arc de triomphe. Là, M. *Parent*, maire de la division du nord, leur fit hommage des clés de la ville, déposées sur un coussin de velours cramoisi, supporté par un bassin d'or. L'Empereur lui répondit : « Ces clés ne peuvent être entre des mains qui méritent » plus ma confiance. »

Aussitôt, Leurs Majestés ont passé devant le corps

des vétérans et les élèves du lycée. Cette image des deux extrémités de la vie, leur offrait, et ceux qui défendirent avec gloire leur pays, et ceux qui prétendent au même honneur. Une musique expressive augmentait alors la douce émotion que faisait ressentir à tous les cœurs la présence d'objets aimés.

Le cortége défila par le quai du Rhône, la rue de la Barre, la place Bonaparte, le quai de la Saône, le Pont-de-pierre, le quai de la Baleine, pour parvenir au palais de l'archevêché, où avait été fixé le séjour de Leurs Majestés.

D'après leurs ordres, la garde d'honneur Lyonnaise fut admise à partager le service militaire avec la garde impériale. En conséquence, la moitié de tous les postes intérieurs fut occupée par elle, et M. *Rousset* fit le premier le service de colonel près de l'Empereur, et fut ensuite immédiatement relevé par un colonel de la garde impériale. M. le maréchal d'empire *Bessières*, commandant général de la garde impériale, adressa à M. *Dacier-la-Chassaigne* l'ordre de passer la revue le lendemain, et détermina le service du corps qu'il commandait. A l'extérieur, le piquet de la garde à cheval obtint l'honneur de précéder la voiture de Leurs Majestés, suivie de la garde impériale. Lorsque l'Impératrice sortirait seule, la garde Lyonnaise dut seule lui servir d'escorte, et l'officier qui la commandait, se placer à la portière gauche.

Ces ordres, si honorables pour les jeunes volontaires de Lyon, furent reçus par eux avec la plus vive allégresse et la plus respectueuse reconnaissance.

A la fin du jour, toute la ville fut illuminée. Parmi les allégories et les inscriptions qui décorèrent les édifices publics et particuliers, on distingua celles-ci :

Sur la façade de l'hôtel-de-ville, on lisait ce quatrain :

LE monde le craint et l'admire ;
La France lui doit son bonheur ;
Lyon applaudit au vainqueur
Dont il sut présager l'empire.

Le théâtre des Terreaux offrait un aigle aux ailes éployées, portant dans les airs une étoile qui renfermait le médaillon de l'Empereur. Sur les côtés, on apercevait des ruches sur lesquelles se reposait un coq, symboles de l'industrie et de la vigilance. Les bustes de l'empereur *Antonin*, si aimé des Lyonnais, et de *Munatius Plancus*, fondateur de Lyon, étaient placés au milieu. Aux extrémités, deux enseignes de la légion d'honneur offraient ces mots chers aux Français :

HONNEUR ET PATRIE.

Plus loin, deux lions soutenaient des tables de bronze. Sur l'une étaient indiqués les principaux bienfaits de l'Empereur pour notre cité; *Secours pour les maisons démolies, place de Bellecour reconstruite, etc.;* l'autre présentait ce vers d'*Horace :*

Sublimi feriam sydera vertice.

Le cercle du commerce se distinguait par ce tableau :

Deux furies, armées de torches et entourées de serpens, étaient renversées sous les pieds d'un guerrier tenant une lance et couronné de laurier. Celui-ci semblait annoncer à la ville de Lyon, représentée par une femme portant une couronne murale, que toutes les discordes avaient cessé pour elle, et que la paix seule désormais devait régner dans son enceinte. Cette femme s'appuyait sur un lion, derrière lequel le génie du commerce et des arts avait cherché un abri. A côté, le Rhône et la Saône levaient des fronts radieux à l'aspect du héros consolateur; et ce vers de *Virgile* exprimait le motif de leur allégresse :

O fortunati quorum jam mœnia surgunt.

L'édifice de *S.t Pierre,* devenu le conservatoire des arts, présentait deux transparens. Sur l'un on lisait ce vers :

Artes quâ vicit protegit ille manu.

Sur

Sur l'autre :

NAPOLÉON relève nos remparts,
Anime le commerce et protège les arts.

Le bâtiment des Célestins avait pour décoration un aigle portant cette inscription répétée dans toutes les bouches :

VIVE L'EMPEREUR ! VIVE L'IMPÉRATRICE !

A neuf heures du soir, on a tiré un feu d'artifice sur le pont neuf de la Saône, et Sa Majesté Impériale a daigné y mettre le feu.

Présentation des Autorités constituées.

SECONDE JOURNÉE.

LE lendemain, jour du jeudi-saint, l'Empereur et l'Impératrice ont entendu, à onze heures, la messe, dans le palais de l'archevêché.

A midi, ils ont successivement admis à leur audience :

1.° Le clergé, présenté par son éminence M.gr le cardinal *Fesch*, archevêque de Lyon, et grand aumônier de l'empire.

2.° Le président et les juges de la cour d'appel.

3.° Le préfet.

4.° Le collége électoral du département.

5.° Le conseil général du département.

6.° Les conseillers de préfecture.

7.° Le président et les juges de la cour criminelle.

8.° Le commissaire général de police.

9.° Les colléges électoraux d'arrondissement.

10.° Le président et les juges du tribunal civil.

11.° Les juges de paix.

12.° Le tribunal et la chambre de commerce.

13.° Les maires et le conseil municipal.

14.° Les administrateurs des hospices.

15.° Le président et les membres du consistoire.

16.° L'état-major de la division, et le commandant d'armes.

17.° Les officiers de la gendarmerie, ceux du troisième régiment de dragons, ceux de la légion Hanovrienne, ceux de la garde d'honneur, présentés les uns et les autres par M. le maréchal *Bessières*, faisant les fonctions de connétable.

18.° Les membres des diverses administrations civiles, présentés par M. *Bureaux-Pusy*, préfet du département.

Sa Majesté Impériale a reçu chaque députation avec cette aménité qui lui est naturelle, et qui tempère l'éclat de sa gloire. Elle a favorisé la franchise des communications, rendu faciles les observations qu'on a voulu lui faire; elle est allée au-devant de toutes les lumières, de tous les renseignemens utiles; elle a parlé à chacun de l'objet de ses travaux, en l'engageant à les continuer avec un nouveau zèle.

L'Empereur a témoigné à M. *Vouty*, président de la cour d'appel, combien il était satisfait de l'attachement de cette cour à sa personne et aux lois. Il a recommandé aux magistrats de modérer les frais des procédures, de diminuer le nombre des procès, de ne point s'écarter du code civil. « Pour bouleverser les empires, a-t-il dit, » on a toujours commencé par en ébranler les lois. »

Sa Majesté a parlé aux membres des colléges électoraux des divers objets de leurs soins. « La tranquillité » publique, leur a-t-elle dit, repose sur l'immuable » conservation des propriétés; elle est le rempart de » tout bon gouvernement : comme propriétaires, vous » m'êtes devenus garans de la paix intérieure et du » bonheur public. »

Elle a exprimé au président du consistoire combien elle était satisfaite de la bonne intelligence qui régnait entre les protestans et les catholiques. « M. l'archevêque, » a-t-elle dit, m'en a rendu le témoignage; continuez

» à vivre toujours ainsi, et vous pouvez compter sur » mon appui. »

L'Empereur s'est entretenu long-temps avec M. *de Laurencin*, président du conseil du département, de plusieurs objets d'économie politique, et sur-tout des moyens d'assainir les travaux *Perrache*, de les vivifier, et au lieu d'un marais souvent infect, d'en faire pour la cité un lieu de promenade, d'agrément et de splendeur.

Auprès des administrateurs des hospices, Sa Majesté s'est informée des moyens d'activer les bureaux de bienfaisance, de multiplier les remèdes aux malades, les secours aux pauvres; elle a voulu connaître la division des fonctions attribuées à chaque administrateur, la quotité des revenus des hospices, et leur emploi.

Auprès des membres de la chambre de commerce, elle s'est occupée de manufactures et de vues pour leur amélioration. Auprès des maires et des membres du conseil municipal, elle a parcouru avec autant de rapidité que de justesse, une foule d'objets utiles et nécessaires à l'embellissement ou à la salubrité de la ville.

Ainsi, cette journée a été entièrement employée, par l'Empereur, à écouter tous les citoyens distingués par leurs places ou leurs lumières, et à connaître les divers détails de l'administration locale.

Cette audience qui, par sa longueur, a dû être pénible à Sa Majesté, a été tenue dans la grand'salle de l'archevêché, au fond de laquelle on avait préparé un trône resplendissant de dorures et de broderies. Sur l'observation qu'on lui a faite, qu'elle devait s'y reposer, elle a répondu : « J'aime à voir de près les Lyonnais ; » mon véritable trône est dans leurs cœurs. »

Courses de l'Empereur. Jardin de l'Impératrice.

TROISIÈME JOURNÉE.

LE 12 avril, dès les six heures du matin, l'Empereur est sorti à cheval, accompagné de quelques officiers de la garde Lyonnaise. Il est allé visiter d'abord l'atelier du nouveau pont qui est en construction sur la Saône, et il s'y est entretenu avec les ingénieurs et les ouvriers. Puis, traversant la place qui porte son nom, il s'est rendu dans l'île *Perrache* qu'il a parcourue dans toutes ses directions. Comparant les plans qui lui avaient été soumis avec le local, prenant de justes idées sur la nature du sol, il a reconnu la nécessité d'un remblai pour la partie d'eau stagnante, la plus voisine de la cité. L'aspect enchanteur de ce lieu, son vaste tapis de verdure et de fleurs, ce confluent de deux fleuves superbes, ces riches coteaux chargés de maisons de plaisance, et d'ombrages, cet horizon magnifique qui fuit au midi et se prolonge jusqu'au mont *Pilat* qui le couronne, ont paru plaire à Sa Majesté, et attirer toute son attention.

Elle a quitté la plaine méridionale pour passer sur le pont de la Guillotière, et aller à l'orient examiner la digue qui, comprimant les eaux du Rhône, les repousse vers les murs et les quais de Lyon qu'ils doivent baigner et assainir. Elle a pressenti l'utilité des réparations dans cet ouvrage, et fait espérer de les favoriser par de prompts secours.

L'Empereur, traversant ensuite le pont *Morand*, a visité le quai *S.t-Clair* et celui de *S.t-Vincent*. Parvenu à la barrière de *Serin*, il a gravi le sentier rapide qui conduit aux tapis de la Croix-rousse, et en est redescendu après avoir contemplé le beau point de vue que les sinuosités de la Saône, les reflets des coteaux de Vaize et de Vâques, les monts d'*Izeron* et de *S.t-Cyr* y procurent à l'observateur. Sa Majesté est revenue à son palais par le Pont-de-pierre et le nouveau quai. Par-tout elle a rectifié les projets, apprécié les idées d'embellissement et de convenance, embrassé l'ensemble de chaque partie sans en négliger les détails.

L'Empereur, à son retour, a donné audience aux compagnies savantes. L'académie, la société d'agriculture, l'école impériale vétérinaire, la société de médecine, ont eu l'honneur d'être admises. Sa Majesté a entretenu le président de l'académie de l'organisation de cette société, de ses diverses classes, des principaux objets de ses travaux; elle a paru desirer qu'elle en fît jouir le public par l'impression de ses mémoires. Elle a long-temps causé avec les membres de la société d'agriculture, de procédés agronomiques, de fermes expérimentales, de forêts et de leur replantation, de haras et de *Mérinos*. Ne perdant jamais de vue le bien public, qui est devenu le but unique de toutes ses pensées, Sa Majesté s'est informée du président de la société de médecine, des maladies locales, de leurs dangers et de leur retour. Celles que pouvaient occasionner les marais *Perrache*, ont sur-tout excité sa sollicitude, et elle a demandé avec empressement qu'on employât tous les moyens de l'art pour borner leur ravage, et débarrasser bientôt la rive méridionale de tout miasme délétère.

L'Impératrice, alliant dans son âme douce et généreuse tous les sentimens tendres à tous les goûts simples, cultive chaque jour la bienfaisance, et des fleurs. Sa Majesté avait daigné faire extraire de son jardin particulier divers arbustes et plusieurs plantes rares dont elle avait fait don au jardin botanique de Lyon. Le conseil municipal, pénétré de reconnaissance, avait déterminé par l'une de ses délibérations de supplier Sa Majesté de permettre qu'il donnât le nom de *Joséphine* au jardin, et qu'on plaçât sa statue sous l'ombre des myrtes et des acacias, au milieu des productions brillantes de la nature. M. le maire de la division du nord a porté ce vœu à l'Impératrice qui en a agréé avec sensibilité le double objet. Dans le même jour on a mis sur la principale entrée du jardin de botanique cette inscription :

JARDIN de l'Impératrice JOSÉPHINE.

Le soir, il y eut grand cercle au palais impérial. La réunion des principales dames de Lyon, en fit une sorte de fête de famille. Toutes obtinrent de la part de Leurs Majestés ou une attention délicate, ou un mot flatteur. L'Empereur, son auguste compagne, y montrèrent la plus touchante affabilité, et y reçurent l'hommage de tous les cœurs.

Rentré dans son cabinet, l'Empereur y apprit que l'île de la Dominique, l'une des Antilles, située entre la Martinique et la Guadeloupe, avait été prise sur les Anglais

Anglais par la flotte Française. « Le lieu où je me trouve, » dit-il avec bonté, et l'accueil que j'y éprouve, me » rendent encore plus sensible à cette heureuse nou- » velle. » Il fit demander à la bibliothèque de la ville une carte de la Dominique, un atlas de l'Archipel Américain, et il passa une partie de la nuit à former des plans favorables à la prospérité du commerce national, et à la juste liberté des mers.

Visite du Conservatoire.

QUATRIÈME JOURNÉE.

LE samedi, 13 avril, l'Empereur employa toute sa matinée à travailler avec ses ministres.

A une heure, Sa Majesté, suivie de l'Impératrice et de toute la cour, sortit en grand cortége, pour aller visiter le conservatoire des arts, place des Terreaux. Il s'y rendit par le Pont-de-pierre, le quai de la Saône, la rue de la Barre, le quai du Rhône, la place de la Comédie et la rue Puits-gaillot. Par-tout, sur son passage, les cris mille fois répétés, *vive Napoléon*, *vive l'Impératrice*, ont prouvé combien l'enthousiasme des Lyonnais se renouvelle à l'aspect de leurs Souverains

Sous les portiques de St.-Pierre, se trouvait la garde d'honneur rangée en bataille. Dans l'intérieur, de jeunes demoiselles de la maison d'éducation de Mad. *Cosway*, éclatantes de grâces et de fraîcheur, vêtues de robes blanches, ont entouré Leurs Majestés. L'une d'elles a complimenté l'Empereur en langue italienne, et lui a présenté une branche de laurier. Une autre a offert à l'Impératrice une tige de roses. Sur les galeries, on admirait l'élite des jeunes dames de Lyon.

A l'entrée des salles du conservatoire, M. *Parent*, maire de la division du nord, a exprimé combien les administrateurs de cet établissement se félicitaient de la présence de l'Empereur.

Ces salles ont étalé aussitôt les produits de l'industrie Lyonnaise, et on a particulièrement fait passer sous les yeux de Leurs Majestés les objets suivans :

1.° Un écran en velours brodé, avec un tapis de même, exécutés avec goût, sur les dessins de M. *Boni.*

2.° Diverses sortes de velours et de satin, tissus avec éclat et souplesse, dans la fabrique de M. *Joseph Mallié.*

3.° Des mousselines unies et brodées, rivalisant de finesse et de beauté avec celles d'Angleterre et qui proviennent des manufactures de Tarare, et de la fabrique de MM. *Matagrin*, *Caquet* et *Ronat*.

4.° De fausses chevelures, dont le tissu ingénieux est un mélange de cheveux et de soie, par M. *Leguay*.

5.° Des coupes, des vases de cristal, sortis de la verrerie de M. *Robichon*, à Givors.

6.° Des traits, argentés et filés en cuivre, d'après les procédés de l'inventeur M. *Binard*.

7.° Des chapeaux en soie, imitant le feutre, produits d'une nouvelle manufacture établie dans le faubourg de Vaize.

8.° Des échantillons d'une nouvelle teinture en écarlate, pour la soie, et qui, par sa solidité et son éclat, égale la belle couleur de *julienne*.

9.° Un échantillon de tul en soie, souple quoique doré, imitant le filigramme, riche et léger, de l'invention de M. *Gonin*.

10.° D'autres échantillons d'ouvrages en passementerie, de la fabrique de M. *Peilleux*.

11.° Un diviseur qui détermine jusqu'à la dix-millième partie du millimètre, de l'invention de M. *Mathieu*.

12.° Des balles en plomb répercuté, qui atteignent plus loin que les balles ordinaires, avec une impulsion égale, par le même.

13.° De belles étoffes, sorties des célèbres fabriques de M. *Pernon*. C'étaient un damas blanc, façon des Indes, des tissus moirés, des brocards en or et argent.

14.° Une laize de tapisserie, brochée et brodée en nuances, remarquable par la beauté du dessin et la délicatesse du travail de la navette et de l'aiguille, dans le genre des verdures du vatican; plus, quatre tableaux artistement exécutés sur le métier, le tout sorti des manufactures de M. *Pernon*, membre du tribunat. Ce négociant distingué a reçu de Leurs Majestés les témoignages flatteurs de la plus vive satisfaction.

15.° Des échantillons encadrés, d'étoffes fabriquées d'après les dessins de feu M. *de la Salle.*

16.° Le portrait de ce Lyonnais célèbre, dessiné par M. *de Boissieu.*

17.° La machine inventée par M. *de la Salle*, pour le lisage des patrons et la préparation des samples.

18.° Le nouveau métier de M. *Jacquard*, sur lequel un seul ouvrier fabriquait un satin liseré et broché, à l'aide de quelques pédales, et sans le secours d'une tireuse.

19.° Un autre métier pour la fabrication des filets, par le même. Leurs Majestés ont donné des éloges et des encouragemens à M. *Jacquard.*

20.° Un modèle en relief d'un monument proposé pour le centre de la place *Bonaparte*, par M. *Millet*, architecte.

21.° Le portrait de l'Empereur, exécuté en soie,

sur un fond de velours, offrant avec art un relief très-saillant, par MM. les frères *Beauvais*. L'Empereur a agréé l'hommage que ces habiles fabricans lui ont fait de cet intéressant ouvrage.

A leur retour et sur leur passage, Leurs Majestés ont été revues avec les mêmes transports de joie.

Le soir, les dames de Lyon, formant le comité consacré aux œuvres de bienfaisance, ont eu l'honneur d'être admises à l'audience de l'Impératrice. Mesdames *de Puzy*, épouse du préfet, et *de Gérando*, étaient à leur tête. Sa Majesté leur a accordé l'accueil le plus flatteur, et s'est informée avec sensibilité de l'étendue et de la nature des secours qu'elles s'empressaient de fournir à l'indigence et au malheur.

Messe à S.t-Jean. Fête dans la salle du spectacle.

CINQUIÈME JOURNÉE.

Le jour de Pâques, 14 avril 1805, à l'heure de midi, Leurs Majestés, en habits impériaux et avec des manteaux de pourpre, suivies de toute la cour, se sont rendues à l'église métropolitaine de *S.*[t] *Jean*. Son éminence, Mgr le cardinal archevêque, à la tête de son clergé, est allé les recevoir sur le parvis, et elles ont été conduites dans le chœur, sur deux trônes de velours, à crépines en or, placés sous un dais. La musique de la garde Lyonnaise y faisait entendre les airs les plus harmonieux. Une multitude immense de spectateurs remplissait la nef, les tribunes et les parties latérales. Des estrades élevées autour du chœur servaient de siége aux magistrats en grand costume, aux fonctionnaires publics, à quelques femmes remarquables par leurs grâces et leur beauté.

Mgr l'archevêque a célébré pontificalement la messe; et pendant cette auguste cérémonie, Leurs Majestés, fixant tous les regards, sont devenues les objets de tous les vœux adressés au ciel.

Après la messe, l'Empereur a admis à son audience divers fonctionnaires publics du département du Rhône, venus à Lyon dans la seule intention d'y contempler un héros.

M. *Sain-Rousset*, maire de la division du midi a présenté à Sa Majesté le plan en relief des façades de la place *Bonaparte*, qu'elle a agréé.

Le soir, la ville a donné une fête à l'Empereur et à l'Impératrice dans la salle du grand spectacle. Celle-ci, décorée avec autant de goût que de magnificence, présentait dans son plafond une vaste draperie d'étoffe blanche, semée d'étoiles d'or, et soutenue, de distance en distance, par des guirlandes de laurier.

Cinq rangs de gradins formaient les premières loges. Ils offraient dans leur contour l'éclat des diamans, d'une parure choisie et d'étoffes brillantes, toutes sorties des manufactures Lyonnaises. Les secondes loges étaient entourées de guirlandes de laurier. Du milieu de leurs nœuds sortaient des candelabres portant des faisceaux de lumière, et au bas cette légende : *vive Napoléon.* Les troisièmes loges, décorées de guirlandes de roses, laissaient lire dans leurs intervalles ce souhait de tous les cœurs : *vive Joséphine.*

La toile du fond de la salle représentait l'Empereur assis, vêtu d'une robe triomphale, et recevant des couronnes de la main de deux génies, emblêmes de la France et de l'Italie. Ceux-ci soutenaient une banderolle flottante, sur laquelle étaient écrits ces mots d'*Horace* :

Sublimi feriam sidera vertice.

Le trône, entouré de velours pourpre, avec des crépines en or, était surmonté d'un riche dais. Au-dessous de celui-ci, un aigle doré, étendant ses ailes immenses, en couvrait les siéges préparés pour Leurs Majestés. Dans le milieu de la salle les jeunes Lyonnais de la garde d'honneur formaient une double haie depuis la porte jusqu'au trône.

A neuf heures, l'Empereur *Napoléon* et l'impératrice *Joséphine*, précédés des trois maires et suivis de leur cour, ont paru dans la salle où ils ont été accueillis avec les transports de la plus vive joie, qui s'unissaient aux sons d'une musique brillante. Peu à peu, le calme et le silence ont permis de l'entendre; et des voix harmonieuses ont célébré Leurs Majestés dans cette cantate allégorique, intitulée : *Le songe d'OSSIAN*.

AU milieu des forêts de la Calédonie,
Ossian de sa harpe oubliant l'harmonie,
De la sombre douleur variait les concerts.
Les vents impétueux mugissaient sur sa tête,
Et sa voix se mêlant aux voix de la tempête,
Du nom de Malvina remplissait les déserts.

SUR un lit de frimas, au pied d'un roc aride,
Il tombe ; le sommeil sur sa paupière humide
S'empresse de verser ses bienfaisans pavots ;
Il dort, et de l'Eurus les haleines glacées,
Fixant autour de lui les vapeurs condensées,
D'un dôme de cristal abritent son repos.

FÉROCES habitans de la Scandinavie !
Arrêtez, d'Ossian respectez le génie,

Les

Les Bardes, ses aïeux, sur un nuage assis,
D'un songe prophétique occupent ses esprits.

DÉJA son âme s'élève
Jusques au séjour des dieux,
Pour lui l'avenir soulève
Ses voiles mystérieux;
Des temps parcourant l'étendue,
Les héros viennent à sa vue
Se présenter dans le lointain;
Il les voit à travers l'espace
Un instant occuper la place
Que leur assigne le destin.

DANS cette immense galerie
Le Barde a distingué le triomphe éclatant
Du mortel dont le génie,
Des horreurs de l'anarchie
Doit sauver le peuple Franc.
Aussitôt secouant les chaînes de Morphée,
Il ressaisit sa harpe, et sa voix inspirée,
Des héros qu'il a vus chante ainsi le plus grand.

VOILA le fils de la victoire,
Dans la carrière de la gloire
Il s'avance à pas de géant;
Le bonheur le précède,
Et tout obstacle cède
Aux efforts de son bras puissant.

SON front auguste est ceint d'une double couronne,
La majesté qui l'environne
Emprunte son éclat de toutes les vertus;
La religion sainte est l'appui de son trône;
Il foule aux pieds les crimes abattus.

VOILA le fils de la victoire, etc.

TREMBLEZ, fils d'Albion! l'inconstante fortune
Est lasse de servir vos projets inhumains.
Tremblez, tyrans des mers! le sceptre de Neptune
Est prêt à s'échapper de vos sanglantes mains.

VOILA le fils de la victoire, etc.

L'AIR ne retentit plus du bruit affreux des armes,
Le commerce et les arts reprennent leur splendeur,
Le plaisir succède aux alarmes,
Je vois briller par-tout les signes du bonheur.

OH FRANCE! heureuse contrée!
Du séjour de l'empirée
La paix a pris son essor;
C'est ton prince qui l'appelle,
Il te ramène avec elle
Les beaux jours de l'âge d'or.

CONSACRANT la noble alliance
Des vertus avec les grandeurs,
Sa compagne chère à la France,
Règne avec lui sur tous les cœurs;
En elle du pouvoir suprême
La grâce accroît la majesté,
Son front pare le diadème
Des traits divins de la bonté.

Après cette cantate généralement applaudie, la danse a commencé. Une valse agréable, exécutée par les jeunes gens de la garde Lyonnaise et d'élégantes danseuses, a présenté successivement chaque groupe à leurs Majestés.

En passant devant le trône, chaque danseur et sa compagne ont déposé une tige de fleurs dans des corbeilles soutenues, du côté de l'Empereur, par M.lle *Parent*, fille du maire de la division du nord; du côté de l'Impératrice, par M.lle *Martin*, l'une et l'autre dans la plus tendre jeunesse. A la fin de la valse, ces aimables enfans ont tressé des couronnes avec les fleurs déposées dans leurs corbeilles; et se plaçant aussitôt à la tête de deux files de danseurs, elles ont présenté ces couronnes à Leurs Majestés.

M.lle *Parent* a dit alors à l'Empereur :

Au lieu des fastueux tributs,
Des riches dons de l'opulence,
Sire, la timide innocence
Présente à l'ami des vertus
Ces fleurs qui du printemps annoncent la présence.
Symbole de nos sentimens,
Puisse leur doux parfum à son âme sensible
Rappeler dans tous les instans,
Les plaisirs purs et le bonheur paisible
Dont il aime à jouir auprès de ses enfans!

M.lle *Martin* a dit à l'Impératrice :

Pour vous offrir ce simple hommage,
Reine, si j'ai pu de mon âge
Surmonter la timidité,
C'est que malgré ma tendre enfance,

Je sais, avec toute la France,
Que Votre auguste Majesté
Joint à la suprême puissance
La suprême bonté.

Tous les spectateurs debout se sont spontanément unis par leurs acclamations à ce pur hommage de la candeur et de l'innocence.

Quelque temps après, l'Empereur et l'Impératrice sont sortis de la salle dans le même ordre qu'ils y étaient venus. Le bal y a continué et s'est prolongé jusqu'au jour. (*)

(*) Les commissaires qui ont eu soin de préparer cette fête et d'en faire les honneurs, sont : MM. *de Valin* aîné, *de Sainneville*, *de la Verpilière*, *de la Ferrière*, *Camille Pernon*, *Regny* fils, *de Magneux*, *Casenove*, *Justinien Rieussec*, et *Ravier-du-Magny*. — L'auteur des paroles de la cantate est M. *Martin* aîné, membre de l'académie de Lyon, et père de la jeune personne qui a présenté la couronne à l'Impératrice.

Bienfaits de l'Empereur.

SIXIÈME JOURNÉE.

LE lundi de pâques, de temps immémorial, les Lyonnais accourent sous les ombrages de l'Ile-Barbe, pour s'y livrer au plaisir, aux danses champêtres. La fraîcheur des eaux, la beauté du site, la mémoire de Charlemagne qui y plaça sa bibliothèque, la richesse des coteaux voisins, les ruines mêmes de l'antique abbaye, tout y intéresse, y appelle les jeux, ou y fait naître de doux souvenirs.

On espérait que Leurs Majestés viendraient à cette fête. Pour remonter la Saône, on avait préparé pour elles une riche gondole, décorée en damas cramoisi, et dont le mât portait l'aigle impérial. D'autres batelets étaient destinés aux personnes de la cour, aux autorités et à la garde d'honneur. Une musique choisie devait s'y faire entendre. Cent gondoliers vêtus de blanc, avec des ceintures vertes, devaient les conduire. Malheureusement, le temps constamment pluvieux a empêché l'exécution de cette fête; mais l'Empereur s'en est procuré une véritable, en s'occupant à combler Lyon de bienfaits, et en y faisant des heureux.

1.° Le bâtiment de *Bicêtre* a été concédé à la ville, pour être vendu par elle, et le prix de la vente employé à l'acquisition du local de l'Anticaille, destiné à renfermer un dépôt de mendicité, une maison de travail, et un hospice pour les insensés.

2.° L'Empereur a accordé une somme de cent mille francs pour les réparations de la digue de la Tête-d'or, sur la rive gauche du Rhône, et une pareille somme de cent mille francs pour le remblai des marais *Perrache*.

3.° Sa Majesté a autorisé la ville à acquérir un emplacement convenable pour y établir une halle au blé.

4.° Elle a fixé l'institution et le réglement de la *condition* publique pour les soies.

5.° Elle a ordonné que l'une des trois écoles de dessin, instituées pour l'empire, serait établie à Lyon, et placée dans le bâtiment de *S.t-Pierre*.

6.° Après ces actes de bienfaisance générale, l'Empereur se plut à accorder des grâces particulières: 1.° Sa Majesté donna l'ordre de compter vingt mille francs de gratification à M. *Bureaux-Puzy*, préfet du département; 2.° Elle fit remettre à chacun des trois maires de la ville, une tabatière d'or, enrichie de son chiffre en diamans, en témoignage de sa satisfaction ; 3.° M. *Dacier-la-Chassaigne*, général de la garde Lyonnaise, admis à former la cour de l'Empereur avec les grands dignitaires de l'empire et les officiers de la garde impériale, ayant eu l'honneur de dîner au couvert de Sa Majesté, reçut de même une tabatière d'or, ornée du portrait de l'Empereur entouré de diamans; 4.° On remit encore de la part du Souverain, de grandes médailles d'or de son couronnement, avec des lettres honorables, aux généraux *Duhesme*, *Beker*, *Bazey*, *Jomard*, commandans la 19.e division militaire, et à M. *Blanchard*, chef de légion de gendarmerie, qui, par son aménité, son obligeance et ses services, a acquis l'estime de tous les Lyonnais.

7.° Les jeunes demoiselles *Parent* et *Martin* ont chacune obtenu une superbe bague de brillans, que le général *Hédouville* vint leur apporter de la part de l'Empereur.

8.° Sa Majesté accorda 1.° une pension de cinq cents francs à la veuve de M. *de la Salle*, en récompense des inventions de feu son époux, comme très-avantageuses aux fabriques de soie; 2.° une autre de trois cents fr. au sieur *Richard*, chineur; 3.° une autre de trois cents francs à *Antoine Gaillard*, ouvrier en étoffes brochées;

4.° une autre de quatre cents francs au sieur *Gonin* père, teinturier, pour son procédé relatif à la teinture en noir ; 5.° une prime de cinquante francs à M. *Jacquard*, mécanicien, pour chaque métier de son invention qu'il montera et mettra en activité, pendant l'espace de six ans.

9.° Dans la distribution de ses bienfaits et de ses largesses, l'Empereur n'a oublié ni les besoins du culte, ni ceux des indigens. Il fit remettre par M. *de Pradt*, évêque de Poitiers, son aumônier ordinaire, 1.° une somme de six mille francs à l'église cathédrale, pour son entretien ; 2.° une autre somme de six mille francs pour être partagée entre les six bureaux de bienfaisance mis sous la direction des dames, dans les six arrondissemens de Lyon ; 3.° celle enfin de dix-huit mille francs, à la disposition des neuf curés de la ville, pour être par eux distribuée aux familles pauvres et infortunées.

Ainsi, tous les instans que Sa Majesté a passés dans cette ville, ont été marqués ou par des travaux utiles, ou par des preuves touchantes de la générosité de son âme. Chacun de ses pas fut un bienfait ; et elle a pu répéter à Lyon ce que Titus disait à Rome : « Je n'ai » pas perdu un seul jour. »

Départ de l'Empereur et de l'Impératrice.

SEPTIÈME JOURNÉE.

Le mardi, 16 avril 1805, l'Empereur, dès les six heures du matin, a reçu dans son cabinet les trois maires de la ville, s'est entretenu, long-temps avec eux, et celui de la division du midi a eu l'honneur de lui exprimer combien son départ excitait de vifs regrets. Sa Majesté a paru sensible à ce nouveau témoignage d'affection; à sept heures elle est montée dans sa voiture, avec l'Impératrice, pour s'éloigner de nos murs, et suivre sa glorieuse destination.

Un peuple immense, remplissant les rues et les places, formait les vœux les plus sincères pour la conservation des jours de l'un et de l'autre, et l'accomplissement de leur haute destinée. L'infanterie de la garde d'honneur était sous les armes, et Leurs Majestés ont fait arrêter un instant leur voiture, pour lui faire redire combien elles étaient satisfaites de son zèle et de son activité. L'Empereur lui a permis de ne point se dissoudre, et de rester organisée pour continuer son service auprès de sa personne, lors de ses passages à Lyon.

Les maires se trouvaient alors près du pont de la Guillotière, pour rendre à l'Empereur leur dernier hommage. Le préfet, le commissaire général de police qui avait mis le plus grand ordre dans toutes les fêtes, les membres du conseil municipal s'étaient empressés de venir au même lieu, et ils ont tous accompagné *Napoléon* et *Joséphine* jusques aux limites du département.

Les personnes de la cour, qui avaient suivi Leurs Majestés à Lyon, n'ont pas tardé à quitter nos murs pour se rendre à Milan, où les attendait l'éclatante cérémonie du sacre et du couronnement. On a distingué parmi elles :

Son éminence M.gr le cardinal *Fesch*, grand aumônier de l'empire, archevêque de Lyon où il a relevé les autels, donné la dignité convenable au culte, établi des séminaires, assuré, sur ses revenus, d'abondans secours à son clergé.

Son excellence M. *de Champagny*, ministre de l'intérieur, né presque au milieu de nous, protecteur éclairé de cette cité, dont il a visité les établissemens, examiné le lycée, encouragé l'industrie et accueilli les habitans.

Son excellence M. *Maret*, ministre et secrétaire d'état, qui, par ses travaux littéraires et politiques, et par son zèle pour le bien public, a si bien justifié la confiance de l'Empereur.

Leurs excellences les maréchaux de l'empire *Bessières* et *Moncey*, vaillans compagnons d'armes de Sa Majesté, et qui ont si souvent conduit les bataillons Français à la victoire.

Leurs excellences le grand écuyer et le général *Duroc*, grand maréchal du palais, que sa loyauté, son esprit et son obligeance font depuis long-temps chérir.

M. l'abbé *de Pradt*, évêque de Poitiers, aumônier ordinaire de l'Empereur, écrivain renommé, et prélat respectable par ses vertus.

M. le sénateur *Harville*, premier écuyer de l'Impératrice, recommandable par sa douceur, son zèle, ses services.

M. *Bigot-Préameneu*, conseiller d'état, qui a cherché à voir dans Lyon tout ce qui était remarquable, qui a visité avec intérêt la bibliothèque publique, où l'on a distingué son profond savoir.

Madame *de la Rochefoucault*, dame d'honneur de l'Impératrice.

Mesdames *de Serent*, *Savary* et *d'Arberg*, dames du palais.

Les généraux *Caffarelli* et *le Marois*, aides-de-camp de Sa Majesté impériale.

MM. le sénateur *Hédouville*, *de Thiard*, *de Mercy-*

Argenteau et *de Beaumont*, chambellans ordinaires de l'Empereur.

MM. le général *Bonardy-de-S.t-Sulpice*, le colonel *de France*, *de Canisy*, *de Berken*, *Oudenarde*, et le colonel *du Rosnel*, écuyers de Sa Majesté.

MM. *de S.t-Didier* et *de Beausset*, préfets du palais. Ce dernier qui, par son esprit et la douceur de sa société, s'était fait regretter à Lyon où il a résidé long-temps, y a été revu avec le plus grand plaisir.

MM. les colonels *Reynaud*, *Clément* et *Mâcon*, adjoints du grand maréchal du palais. MM. *de Menneval*, secrétaire particulier de l'Empereur, et *Deschamps*, secrétaire des commandemens de l'Impératrice.

Tels sont ceux qui, par leurs dignités et leurs places, ont particulièrement formé à Lyon la cour de Leurs Majestés, et qui, par leur accueil agréable, leurs lumières, leur aménité, y ont contribué à l'éclat des fêtes et au bonheur des Lyonnais.

DISCOURS

De M. Parent, *maire de la division du Nord, en présentant à S. M. l'Empereur les clés de la Ville, le* 20 *avril* 1805.

SIRE,

Vos fidèles sujets les maires et le conseil municipal ont l'honneur de déposer aux pieds de Votre Majesté les clés de sa bonne ville de Lyon ; veuillez en agréer l'hommage, comme un gage de l'inviolable fidélité de ses habitans.

Que n'est-il en notre pouvoir de mettre de même leurs cœurs sous vos yeux ! vous y verriez l'expression de l'attachement et du dévouement le plus sincère pour Votre Majesté.

Vivez, Sire, vivez long-temps, afin d'accomplir tout le bien qui est dans votre pensée, et de recueillir le juste tribut de reconnaissance que vous doivent tous les Français, et les Lyonnais surtout, pour la bienveillance particulière dont vous les honorez, et dont chaque jour votre sollicitude paternelle se plaît à leur donner de nouvelles preuves.

DISCOURS

A Sa Majesté l'Impératrice, lors de son entrée à Lyon, par le même.

MADAME,

VEUILLEZ agréer l'hommage du respect et du sincère attachement des habitans de cette Ville, dont nous nous félicitons d'être les organes auprès de Votre Majesté.

DISCOURS

A S. M. l'Empereur, par M. VOUTY, président de la Cour d'appel.

SIRE,

EN rétablissant pour vos peuples de France et d'Italie la monarchie héréditaire, vous avez mis le comble à vos bienfaits, puisque par là Votre Majesté nous assure la longue jouissance de tous les autres, et associe à notre bonheur nos derniers neveux.

DISCOURS

A S. M. l'Empereur des Français et Roi d'Italie, par M. de LAURENCIN, *président du conseil général du Département.*

SIRE,

LORSQUE le sénat, l'armée, tous les Français, se sont réunis pour vous saluer empereur, le conseil général ose affirmer qu'aucun département plus que celui du Rhône, qu'aucune ville plus que Lyon, n'ont mérité que Votre Majesté les distinguât. Quels autres, à votre retour d'Égypte, avaient fait éclater plus de transports, fiers de l'initiative qu'ils prenaient de reconnaître en vous le libérateur dont la France avait besoin? Oui, SIRE, c'est à nous sur-tout qu'importent vos destinées; c'est à nous sur-tout à jouir de tous les genres de gloire dont leur éclat se compose. Sans doute que la paix est le premier vœu, le cri le plus touchant de l'humanité; sans doute que le commerce et les arts ne fleurissent que par elle: mais vous n'avez combattu que pour la donner au monde. Elle sera de nouveau conclue, SIRE; elle le sera sur les bases immortelles de la justice et de l'honneur. Votre Majesté impériale et royale en a pour infaillible garant sa volonté, son habileté dans la guerre, la valeur de ses soldats, l'indignation que ses ennemis inspirent, et les sentimens mêlés d'admiration et d'amour dont elle a pénétré ses sujets.

DISCOURS

A S. M. l'Impératrice, par le même.

MADAME,

LE conseil général du département du Rhône ne remplira jamais de fonction qui lui soit plus chère que celle qui l'autorise à déposer en ce moment l'hommage de son respect aux pieds de Votre Majesté impériale. Institué pour s'occuper du bien public, quel vœu lui reste-t-il à former sous le règne du héros à qui la reconnaissance nationale a décerné l'empire, du héros dont la mère s'est déclarée protectrice des établissemens de charité, et lorsque vous, MADAME, son auguste épouse, unissant sur le trône, à toutes les vertus qui peuvent en rehausser l'éclat, ces grâces, cette bonté touchante qui captivent si bien les cœurs, Votre Majesté ne souffre pas qu'un seul de ses jours s'écoule sans le marquer par des bienfaits !

DISCOURS

A S. M. l'Empereur, par M. DUGUEYT, Président du Tribunal civil.

SIRE,

VOS fidèles sujets les membres du tribunal de première instance, viennent exprimer à Votre Majesté, les sentimens de respect, de reconnaissance et d'amour qu'ils conserveront toujours pour votre personne

personne sacrée ; ces sentimens, ils les partagent avec tous les Français, qui aiment à voir dans votre bras la force de Charlemagne, dans votre tête la sagesse de Charles V, et dans votre cœur la bonté de Henri IV.

DISCOURS

A S. M. l'Empereur, par M. Sain-Rousset, maire de la division du Midi, au nom du conseil municipal.

SIRE,

Vos fidèles sujets, les membres du corps municipal de votre bonne ville de Lyon, viennent renouveler à Votre Majesté impériale et royale, l'hommage de leur respect profond et de leur inviolable attachement.

Qu'il est consolant, SIRE, pour le peuple qui pressentit vos destinées, de voir à quelle hauteur la providence les a placées ! Nous jouissons de vos bienfaits, SIRE, et nous jouissons de votre gloire.

Un seul souhait nous reste à former, et veuille le ciel l'entendre et l'exaucer : Puissiez-vous, SIRE, heureux du bonheur de ces peuples dont l'onction sacrée vous a constitué le père, régner sur eux aussi long-temps que le méritent vos vertus, et que l'implore leur amour !

DISCOURS

A S. M. l'Impératrice, par le même.

MADAME,

LES membres du corps municipal de la ville de Lyon, présentent à Sa Majesté leurs respectueux hommages; heureux d'approcher d'un trône que les vertus décorent, que les grâces embellissent, et que la bonté fait aimer.

DISCOURS

A S. M. l'Empereur, par M. GUILLON, au nom des Juges de paix de la ville de Lyon.

SIRE,

SI la Grèce vante avec raison ses sages, ses législateurs; si Rome compte avec orgueil ses capitaines; la France plus heureuse, et à plus juste titre, se glorifie d'avoir pour chef suprême Napoléon le Grand.

Ce nom, illustré par tant de grandes actions, surpasse tous les autres ; il occupera la page la plus glorieuse dans les fastes de l'univers, dans le livre de l'immortalité.

Après l'avoir prononcé, que reste-t-il à dire ? SIRE, l'expression manque pour faire place à l'admiration et au respect. Pleins de ce double sentiment, les juges de paix, vos fidèles sujets, supplient Votre Majesté de recevoir l'hommage respectueux de leur dévouement inviolable à votre personne sacrée.

DISCOURS

A S. M. l'Empereur, par M. VITET, président de l'administration des Hospices.

SIRE,

UN vaste empire présente à Votre Majesté le tribut que commandent le respect, l'amour et la reconnaissance.

Dans cette immense famille dont vous êtes le bienfaiteur et le père, il est une branche qui ne peut échapper à l'œil de la sensibilité.

C'est l'enfance abandonnée, c'est la vieillesse indigente, c'est le pauvre malade.

Nous venons en leur nom supplier Votre Majesté d'agréer leur hommage.

Il est offert moins au héros environné de tous les attributs de la gloire et de la puissance, qu'à l'ami de l'humanité qui vient de mettre sous la protection spéciale de sa famille, les femmes charitables vouées au service de l'indigence.

Nous regrettons, SIRE, de ne pouvoir offrir le même hommage à votre auguste épouse; elle eût, nous l'espérons, daigné l'accueillir.

La bonté, la bienfaisance active et éclairée, attirent toujours la bénédiction des pauvres dont nous sommes les organes; et cette espèce de louange ne blesse point la modestie.

DISCOURS

A S. M. l'Empereur des Français, par M. BÉRENGER, *président de l'Académie de Lyon.*

SIRE,

L'ACADÉMIE de Lyon n'oubliera jamais que, si elle a dû sa fondation aux empereurs Romains, elle doit sa renaissance à l'Empereur des Français, au Grand Napoléon.

Dès l'an 6, le bronze, sous la main de nos artistes et de nos gens de lettres, vous proclamait le héros *Italique;* vous aviez conclu le beau et pacifique traité de *Campo-Formio.*

Après la glorieuse journée de Marengo, l'académie, par la voix d'un de ses membres, célébra en votre présence la défaite de Mélas et des phalanges du Nord.

Enfin, quand vos faisceaux consulaires vinrent enorgueillir et consoler nos murs, ce fut encore un de nos académiciens qui consacra le mémorable évènement de la *Consulta de Lyon*, et qui prédit à l'Italie, que vous alliez, pour son repos, présider à sa destinée, et que les Alpes n'étaient plus.

Aujourd'hui, SIRE, l'académie en corps vient se féliciter au pied de votre trône, d'une faveur qu'elle ne partage qu'avec l'institut national. Votre nom glorieux brille à la tête de ses fastes, où la reconnaissance devait inscrire le restaurateur de nos travaux; mais vous en occupez encore le premier rang, ainsi qu'à l'institut, comme inventeur, à l'exemple de César et de Frédéric, d'une tactique toujours nouvelle et toujours triomphante, et comme auteur d'un système de politique et d'administration, qui, en rétablissant l'équilibre de l'Europe, va redonner le bonheur à la France et à l'Italie, et mériter à Votre Majesté la reconnaissance du monde entier, après en avoir fixé l'admiration... Oui, la reconnaissance du monde, SIRE, parce que vous l'affranchirez bientôt du joug des tyrans des mers, et que vos flottes entreront victorieuses dans *Albion*, comme elles viennent d'étonner et de subjuguer les îles de l'Occident.

DISCOURS EN VERS

A Sa Majesté l'Impératrice, par le même.

MADAME, agréez un hommage
Que doivent les beaux arts à vos soins généreux;
Nous osons célébrer en langage des dieux
Ceux qui par leurs vertus nous offrent leur image,
Ceux qui par leurs bienfaits veulent nous rendre heureux.

— Protectrice des arts et des talens utiles,
(Ce n'est point une fiction,)
La déesse Minerve avait fondé deux villes,
Athènes et Lyon.
Le Tartare féroce a détruit la première;
Et le perfide Anglais a désolé sa sœur:
Quelques momens de plus d'un règne destructeur,
Et l'on cherchait Lyon dans sa noble poussière.
Votre époux apparaît.... Ce dieu libérateur
Repousse de son bras l'Europe toute entière,
Et presse sous ses pieds l'hydre de la terreur.
Tout renaît à l'espoir, tout promet le bonheur;
De nos jours les plus beaux l'aurore nous éclaire;
Les arts consolateurs, doux enfans de la paix,
Et les nobles plaisirs et les modestes grâces,
Sortent de leur exil, accourent sur vos traces,
Vous nommant à l'envi Minerve des Français.

Daignez nous protéger de votre main puissante,
Nous de qui *l'Athénée* à Minerve est voué.
Soutenez des talens la pompe renaissante;
Et qu'un luxe décent, par le goût avoué,
Celui qu'un grand état encourage et modère,
Fixe dans l'atelier l'ouvrier sédentaire,
Et l'art de ses tissus de l'Europe envié.
Ainsi, puisse des dieux la bonté tutélaire,
Sanctionnant les lois de votre auguste époux,
Pour la félicité des peuples de la terre,
    Rendre à jamais héréditaire
Ce qu'on admire en lui, ce qu'on adore en vous.

DISCOURS

A S. M. l'Empereur, par M. Rieussec, *membre du corps législatif et président de la société d'Agriculture.*

Sire,

L'Europe, l'Asie et l'Afrique furent le théâtre de vos victoires; la renommée a porté dans tout l'univers votre gloire et vos triomphes : tant d'exploits auraient suffi pour immortaliser un autre héros; et ce ne sont cependant qu'une partie de vos titres à l'immortalité.

Vos lois, Sire, vos lois bienfaisantes et régénératrices, la restauration et la liberté des cultes, l'égalité des droits et la liberté civile, régularisées et garanties par la force puissante d'un empire sagement et savamment constitué, l'agriculture et le commerce encouragés, ranimés, recréés, pour ainsi dire, par l'effort des sciences dont Votre Majesté dirige les travaux à l'utilité publique, l'anarchie en un mot, courbée et anéantie sous le poids d'une législation ferme, philantropique et généreux : Voilà, SIRE, voilà les bienfaits qui vous rendent si cher aux Français.

La terre, qui fut prosternée devant Alexandre dans le silence de la stupeur, vous admire et vous aime; l'Italie vous offre sa couronne, et les peuples qui ne peuvent pas espérer de vivre sous vos lois, se flattent que votre exemple apprendra à leurs souverains le grand art de régner.

Permettez-nous, SIRE, de rappeler à Votre Majesté, que notre ville, notre département, présagèrent les premiers vos hautes destinées, et signalèrent aux Français le héros qui devait faire leur bonheur ; que notre ville, notre département, émirent les premiers le vœu que la magistrature suprême vous fût déférée, et qu'elle fût héréditaire dans votre auguste maison.

Le premier mouvement fut inspiré par l'admiration et l'espoir; le second, par l'amour et la reconnaissance.

Lorsque César eut détrôné l'anarchie dans Rome, Virgile déplorait le malheur d'être forcé d'abandonner ses champs; et nous, SIRE, nous bénissons celui qui nous conserva les propriétés dont l'anarchie voulait nous dépouiller, qui nous garantit la libre disposition de nos récoltes, que des réquisitions insensées venaient à chaque instant nous ravir.

Les

Les propriétaires, les agriculteurs seront toujours vos sujets les plus fidèles : la stabilité, l'affranchissement de nos propriétés, l'entière et paisible jouissance du fruit de nos travaux, sont essentiellement liés à la stabilité de votre trône.

Régnez, SIRE, régnez long-temps sur nous et sur nos descendans. Remplissez, pour le bonheur des Français, vos hautes destinées. Finissez ces codes importans qui perpétueront à jamais les effets bienfaisans de votre sagesse ; que les routes, les canaux que vous avez projetés pour l'amélioration de l'agriculture et du commerce, s'achèvent sous vos auspices ; que vos armes forcent enfin nos implacables ennemis d'être justes ; assurez au monde commerçant la liberté des mers ; rouvrez au commerce toutes les routes qu'il parcourut autrefois, toutes celles qu'il peut parcourir.

Nous nous félicitons de l'évènement heureux qui, liant la France à l'Italie, semble fixer dans ce département, sous la zone la plus tempérée, au milieu d'un peuple doux, sensible, et qui vous est dévoué, l'un de ces palais que Votre Majesté doit avoir dans l'étendue de l'empire : nous espérons que vous viendrez chaque année y jouir du spectacle délicieux de vos bienfaits, y recevoir l'hommage pur et sincère de notre reconnaissance, de notre amour, de notre respect, de notre zèle et de notre inviolable fidélité.

DISCOURS

A S. M. l'Empereur, par M. Parent, maire du Nord, au nom du conservatoire des arts.

Sire,

L'administration du conservatoire se félicite de posséder un instant Votre Majesté au sein du monument que le Favori de Mars a consacré à la Minerve Lyonnaise.

Votre génie, rapide comme vos victoires, est impatient de voir réaliser le bien qu'il a projeté; mais il est dans l'ordre des choses, que le bien s'opère lentement. Jusqu'à présent, nous n'avons pu que semer. Le sol confié à nos soins est fertile et inépuisable; il fructifiera comme notre reconnaissance; nos enfans en recueilleront le fruit, et béniront la mémoire de Votre Majesté, comme leurs ancêtres auront béni son règne.

DISCOURS

A S. M. l'Empereur, lors de son départ, par M. Sain-Rousset, maire de la division du Midi.

Sire,

Une plus vaste carrière ouverte au commerce, une institution précieuse rendue à la bienfaisance, des moyens de salubrité promis et assurés; tels ont été, pendant les trop courts instans de sa présence, les bienfaits de Votre Majesté.

Veuillez y ajouter, Sire, celui de nous destiner de nouveaux momens à votre retour.

Faisons plus, Sire; qu'un jour, et sur ce sol qu'assainira votre munificence, il s'élève un palais de résidence impériale; qu'il soit pour Sa Majesté un siége qui garantisse à ses sujets de Lyon, que le souverain chéri et le peuple aimant et fidèle seront plus souvent réunis.

LETTRE

Du grand Maréchal du Palais,

A M. le Général DACIER-LA-CHASSAIGNE, *commandant la Garde d'honneur de Lyon.*

L'EMPEREUR voulant vous donner, Monsieur, une marque de son estime, et à la garde d'honneur de Lyon un témoignage de la satisfaction que Sa Majesté a de son service, m'a donné l'ordre de vous remettre son portrait sur une tabatière enrichie de diamans. Je suis flatté d'être dans cette circonstance l'organe des sentimens de Sa Majesté; et je vous prie d'agréer l'hommage de ma parfaite considération.

Signé, DUROC.

DÉCRETS

EN faveur de la Ville de Lyon et des Lyonnais.

I.er

Au Palais de Lyon, le 25 germinal an 13.

NAPOLÉON, Empereur des Français, sur le rapport du ministre de l'intérieur,

DÉCRÈTE ce qui suit :

ART. I.er La ville de Lyon est autorisée à acquérir du sieur Ravier, notaire de cette ville, pour le prix de soixante et douze mille francs, l'emplacement dit des Confalons, et celui de la chapelle du Bon-Rencontre, avec toutes leurs dépendances, conformément à l'estimation qui en a été faite. Le tiers de cette somme sera acquitté sur les produits de l'octroi de l'an 13 ; le second tiers sur celui de l'an 14 ; et l'autre tiers sur celui de l'an 15.

II. Cet emplacement servira à l'établissement d'une halle aux grains, dont la construction sera ultérieurement déterminée sur les plans et devis donnés au concours.

III. Le ministre de l'intérieur est chargé de l'exécution du présent décret.

II.e

ART. I.er LE bâtiment dit de Bicêtre, autrefois destiné à recevoir les mendians vagabonds du département du Rhône, est concédé à la ville de Lyon.

II. Ce bâtiment sera vendu, et le produit de la vente sera employé à l'acquisition du local dit de l'Antiquaille, situé sur la montagne de St.-Just. En cas d'insuffisance de ce produit, il sera pourvu au déficit sur les fonds de l'octroi.

III. Le local de l'Antiquaille sera destiné à former un dépôt de mendicité, une maison de travail, un hospice pour les aliénés, les incurables et les vénériens.

IV. Ces divers établissemens seront aussi à l'usage des villes et communes du département du Rhône, qui paieront les frais de translation et d'entretien des divers malades à elles appartenans, lorsque les familles n'en pourront faire les frais.

V. Les ministres de l'intérieur et des finances sont chargés de l'exécution du présent décret.

III.e

ART. I.er IL sera placé dans la ville de Lyon une des trois écoles de dessin, instituées par la loi du 11 Floréal an 10. Elle sera établie dans un local offert à cet effet par la ville, dans le bâtiment de St.-Pierre.

II. Elle entrera en activité au premier Messidor prochain, et les fonds nécessaires à la dépense seront pris sur les fonds des lycées.

III. Le ministre de l'intérieur est chargé de l'exécution du présent décret.

IV.e

ART. I.er LA digue de la Tête-d'Or, sur la rive gauche du Rhône, à Lyon, sera réparée. Cette dépense sera à la charge de la ville de Lyon. Le trône y contribuera pour une somme de cent mille francs, prise sur les produits de l'octroi de navigation.

II. Cet ouvrage sera exécuté sous la direction d'un ingénieur des ponts et chaussées, et ne sera commencé que lorsque les plans et les devis auront été approuvés par le ministre de l'intérieur.

III. Le ministre de l'intérieur est chargé de l'exécution du présent décret.

V.^e

ART. I.er POUR assainir la ville de Lyon, il sera procédé au remblai de l'ancien lit du Rhône, dans l'emplacement qu'embrassent les travaux de Perrache, entre la Saône et la digue Perrache.

II. On commencera dans le courant de l'an 13, par la partie de cet emplacement comprise en dedans de la muraille élevée pour la perception de l'octroi.

III. Ce remblai devra être exécuté avant le 1.er Vendémiaire an 15; il sera porté au degré de hauteur nécessaire pour élever le fond des mares au niveau des terrains environnans, de manière qu'après les débordemens de l'une ou l'autre rivière, il n'y ait plus d'eaux stagnantes.

IV. Il sera alloué pour ce remblai une somme de cent mille fr., prise sur les fonds de réserve de l'an 13.

V. Le ministre de l'intérieur est chargé de l'exécution du présent décret.

VIe

ART. Ier IL sera alloué au sieur Jacquard, artiste mécanicien à Lyon, auteur d'un nouveau métier pour la fabrication des étoffes brochées et façonnées, qui supprime l'emploi de la tireuse, une prime de 50 fr. par chaque métier qu'il aura livré pour être mis en activité, pendant l'espace de six années, à compter du jour du présent décret.

II. Il est accordé à la dame Lassalle, veuve de feu Lassalle, artiste mécanicien à Lyon, une pension de cinq cents francs, en récompense des services rendus par feu son mari aux fabriques de soie;

Au sieur Richard, chineur, une pension de trois cents francs;

Au sieur Antoine Gaillard, ouvrier en étoffes brochées, une pension de trois cents francs;

Au sieur Gonin père, teinturier, une pension de quatre cents fr.

III. La ville de Lyon est autorisée à accorder audit sieur Gonin un traitement de quatre cents francs.

IV. Ces deux pensions ne sont accordées au sieur Gonin, qu'à la charge par lui de déposer au conservatoire des arts, à Lyon, une description exacte de son procédé pour la teinture en noir, sous cachet, et après une vérification faite avec expérience, par la commission du conservatoire, et de former deux élèves, dont l'un sera son fils, et l'autre désigné par la chambre du commerce.

V. A cet effet, les différens termes du traitement ne seront délivrés au sieur Gonin que sur le certificat de la chambre du commerce, attestant l'accomplissement des susdites conditions.

VI. Les ministres de l'intérieur et du trésor public, sont chargés, chacun en ce qui les concerne, de l'exécution du présent décret.

NOMS

DES Membres formant le Corps municipal de la ville de Lyon, lors de la publication de cet ouvrage, en 1806.

MAIRIE.

M. FAY-SATHONNAY, *maire*, membre de la légion d'honneur, président du conseil municipal.

ADJOINTS.

MM. PARENT, ancien maire de la division du nord, membre de la légion d'honneur.

SAIN-ROUSSET, ancien maire de la division du midi, membre de la légion d'honneur.

BERNARD-CHARPIEUX, ancien maire de la division de l'ouest, membre de la légion d'honneur.

CAMILLE PERNON, tribun, membre de la légion d'honneur.

REGNY fils, négociant, ex-président du tribunal de commerce.

SAINNEVILLE, propriétaire, vice-président de l'hospice de l'Antiquaille.

CONSEIL MUNICIPAL.

MM. ARLÈS aîné, négociant, ex-adjoint municipal.

MAYEUVRE-CHAMPVIEUX, ex-législateur, de l'académie de Lyon, et du collége électoral du département.

DUROZIER-MAGNEUX, membre du collége électoral du département.

DESPRÉS, homme de loi, du collége électoral du département.

MM. De-la-Roue, ancien militaire, administrateur des hospices.

Petit, docteur-médecin, de l'académie de Lyon.

Loyer, architecte, de l'académie de Lyon.

Champanhet, négociant.

Devillas père, négociant, du collége électoral du département.

Chirat, négociant, administrateur des hospices, ex-président du tribunal de commerce.

Rivérieux-Varax, ancien militaire, du collége électoral du département.

Charasson, négociant.

Boulard-Gatelier, ancien magistrat, du collége électoral du département.

Frerejean, manufacturier, du collége électoral du département.

Leclerc-la-Verpilière, administrateur de l'hospice de l'Antiquaille.

Dacier-la-Chassaigne, ancien militaire, général de la garde d'honneur de Lyon, du collége électoral du département.

Dujat-d'Ambérieux, membre du collége électoral du département.

Rivoire, négociant.

Hervier, propriétaire.

Morel-Rambion, suppléant au tribunal civil, du collége électoral du département.

Arthaud-la-Ferrière, du collége électoral du département.

Dervieux, négociant, du collége électoral du département.

Grailhe-Montaima, du collége électoral du département.

Aynard, négociant, du collége électoral du département.

De l'Imprimerie de Tournachon-Molin, imprimeur de la Ville.

www.ingramcontent.com/pod-product-compliance
Ingram Content Group UK Ltd.
Pitfield, Milton Keynes, MK11 3LW, UK
UKHW021013200726
13857UKWH00004B/1430